Grace Hansen

Abdo Kids Jumbo es una subdivisión de Abdo Kids
abdobooks.com

abdobooks.com

Published by Abdo Kids, a division of ABDO, P.O. Box 398166, Minneapolis, Minnesota 55439.

Printed in China

102019

012020

Spanish Translator: Maria Puchol

Photo Credits: Alamy, Getty Images, iStock, Shutterstock, ©AP/Shutterstock p.9

Production Contributors: Teddy Borth, Jennie Forsberg, Grace Hansen
Design Contributors: Dorothy Toth, Pakou Moua

Library of Congress Control Number: 2019944010

Publisher's Cataloging-in-Publication Data

Names: Hansen, Grace, author.

Title: Brasil/ by Grace Hansen

Other title: Brazil. Spanish

Description: Minneapolis, Minnesota : Abdo Kids, 2020. | Series: Países

Identifiers: ISBN 9781098200886 (lib.bdg.) | ISBN 9781098201869 (ebook)

Subjects: LCSH: Brazil--Juvenile literature. | Brazil--History--Juvenile literature. | Latin America--Juvenile literature. | Geography--Juvenile literature. | Spanish language materials--Juvenile literature.

Classification: DDC 981--dc23

Contenido

Historia de Brasil

Brasil es un país de América del Sur. Los indígenas americanos fueron los primeros habitantes del lugar. **Pedro Álvares Cabral** llegó a la **costa** de Brasil en 1500 y reclamó las tierras para Portugal.

América del Norte
Portugal
África
océano Pacífico
Brasil
océano Atlántico
América del Sur
N
W
E
S

A partir de la década de 1690 mucha gente se fue a Brasil en busca de riquezas como el oro y los diamantes.

Brasil consiguió la **independencia** de Portugal en 1822. Aunque el idioma oficial del país todavía es el portugués.

CCOMGEX

Geografía y ciudades importantes

Brasil colinda con diez países. Por el este colinda con el océano Atlántico. La capital de Brasil es Brasilia. En ella viven más de 2.8 millones de personas.

Venezuela
Guyana
Surinam
Guyana francesa
Colombia
Ecuador
río Amazonas
Brasil
Perú
Brasilia
Bolivia
océano Pacífico
São Paulo
Paraguay
N
W
E
S
Argentina
océano Atlántico
Uruguay
Chile
América del Sur

La ciudad más grande de Brasil es São Paulo. Viven más de 12 millones de personas allí. Es mundialmente conocida por sus negocios, su arte y sus opciones para el **entretenimiento**.

Brasil es un país precioso. ¡Tiene montañas, bosques tropicales, **costa** y más de 1,000 ríos! El más largo es el río Amazonas.

Plantas y animales

La Amazonia está en Brasil. Tiene más tipos de plantas que ningún otro lugar en la Tierra. Es hogar de animales como las anacondas, los tucanes y los jaguares, entre muchos otros.

Comidas

Es común comer frijoles, marisco y arroz. Las frutas tropicales, como las bananas y los cocos, son populares también.

Futebol

El *futebol*, o fútbol, es el deporte favorito en Brasil. Pelé es un jugador de fútbol famoso. Nació en el sureste de Brasil en 1940. ¡Marcó 77 goles para el equipo nacional de Brasil!

3

Lugares impresionantes de Brasil

Teatro Amazonas
Amazonas, Brasil

Cristo Redentor
Cerro del Corcovado,
Río de Janeiro, Brasil

Cataratas de Iguazú
Paraná, Brasil

Cañón de Itaimbezinho
Santa Catarina, Brasil

Glosario

costa - donde la tierra y el mar se encuentran.

entretenimiento - que divierte o entretiene.

independencia - libertad de un control externo.

Pedro Álvares Cabral - (1467–1520) noble portugués, comandante militar, navegante y explorador, conocido por ser el descubridor europeo de Brasil.

Índice

¡Visita nuestra página **abdokids.com** para tener acceso a juegos, manualidades, videos y mucho más!

Usa este código Abdo Kids

CBK5496

¡o escanea este código QR!